AF194030

Herzhaft und Natürlich

Mamas Kochschule für kulinarische Greenhorns

Eigene Rezepte und ein paar überarbeitete Küchenklassiker
von
Susanne Winsauer-Schrader

Für meine Kinder Lene und Tommi
zur Erinnerung an ihre Chefin

Herzhaft und Natürlich

Mamas Kochschule für kulinarische Greenhorns

Eigene Rezepte und ein paar überarbeitete Küchenklassiker
von
Susanne Winsauer-Schrader

Bibliografische Information der Deutschen Nationalbibliothek:
Die Deutsche Nationalbibliothek verzeichnet diese Publikation in der
Deutschen Nationalbibliografie; detaillierte bibliografische Daten sind im
Internet über http://dnb.dnb.de abrufbar.
Herstellung und Verlag: BoD – Books on Demand, Norderstedt
ISBN: 9783752610529

Inhalt

1 Gewürze und Kräuter

* * *

Die Basis in der Küche

Brauner Zucker
Brauner Kandiszucker
Salz/Meersalz
Mehl oder Stärkemehl
Weißer Pfeffer (gemahlen oder ganz für die Mühle)
Schwarzer Pfeffer (gemahlen oder ganz für die Mühle)
Schnittlauch
Petersilie
Thymian
Oregano
Bohnenkraut
Basilikum
Liebstöckel (oder Sellerieblätter)
Dill
Kerbel
Kümmel
Muskat
Knoblauch granuliert oder im Glas (kleingeschnitten und in Öl)
Zitronenschale als Pulver (lecker in Saucen)
Orangenschale als Pulver (lecker in Saucen)
Senf
Tomatenmark
Getrocknete Tomaten
Gemüsebrühwürfel oder selbstgedörrtes Suppengemüse
Zwiebeln (immer frisch)
Weißweinessig
Pflanzenöl (z.B. Traubenkernöl)
Erhitzbares Pflanzenöl zum Braten oder Butterschmalz

FRISCH sind Kräuter natürlich am besten. Aber wer nicht täglich kocht, kann sich einen kleinen Grundstock anlegen, der eine Weile haltbar bleibt.

* * *

Mehlbutter zum Binden von warmen Saucen

50 g Butter (Zimmertemperatur)
1 gehäuften TL Mehl oder Stärke
1 gehäuften TL Zitronenabrieb (oder ½ TL getrocknete Zitronenschale)

Mit einer Gabel auf einer Untertasse zerdrücken und im Gefrierfach kühlstellen. Die eiskalten Butterstückchen in die heiße Sauce einrühren.

* * *

Fischgewürz zum Grillen (passt bestimmt auch in Öl zu anderem Grillgut)

60 g weißer Pfeffer gemahlen
50 g Paprika gemahlen (keinen süßen Paprika verwenden)
30 g Senfkörner (selbst mit dem Mixstab mahlen)
10 g Korianderkörner gemahlen
10 g Kerbel getrocknet
20 g Basilikum getrocknet
20 g Thymian getrocknet

15 g Zitronenschale getrocknet/Pulver
15 g Petersilie getrocknet
15 g Schnittlauch getrocknet
20 g Bohnenkraut getrocknet
60 g Knoblauch, getrocknet, granuliert
80 g Zwiebel, getrocknet, granuliert
10 g Dill getrocknet
5 g Salbei, getrocknet, gemahlen
50 g Selleriesalz (oder 5 g gerebelte Sellerieblätter und 50 g Salz)
15 g Liebstöckelblätter gerebelt

Gut durchmischen. In ein Glas füllen und das früheste MHD der einzelnen Zutaten auf den Deckel schreiben.

* * *

Knusperauflage für Fisch (auf die Fleischseite vom Fisch, falls eine Seite Haut hat)

5 EL gutes Pflanzenöl oder entsprechende Menge Butter
4 EL Semmelbrösel
1 EL Petersilie
1 EL Schnittlauch
1 kleingeschnittene Pepperoni
1 EL Zitronenabrieb (oder 1 TL getrocknete Zitronenschale)
Salz, Pfeffer

Die Mischung auf den rohen Fisch geben. Den Fisch im Backofen in einer mit Pflanzenöl oder Butter eingefetteten Auflaufform backen. Ca. 200 Grad, Backzeit nach Fischgröße.

* * *

Steinpilzgewürz (für Fleisch, Suppen, Bratensaucen)

30 g getrocknete Steinpilze
30 g getrockneter, gerebelter Thymian
50 g gemahlener schwarzer Pfeffer
4 EL Salz/Meersalz

Die Steinpilze im Mixer zu Puder mahlen, den Thymian kurz mitmahlen, danach Pfeffer und Salz dazugeben und gut mischen. In ein Glas füllen und das früheste MHD der einzelnen Zutaten auf den Deckel schreiben. Das Würzpulver etwa 5 Min. mitkochen oder ziehen lassen.

* * *

Würze für Gemüse

1 mittelgroße Zwiebel, kleingeschnitten
½ Knoblauchzehe, kleingeschnitten
½ TL Paprikapulver
2 getrocknete Tomaten, ganz klein geschnitten
2 TL brauner Zucker
4-6 EL gutes Pflanzenöl oder 50 g Butter
Salz/Meersalz, Pfeffer

Alles in einem Topf bei mäßiger Hitze anbraten bis der Zucker karamellisiert. In dieser Würze gedünstetes Gemüse schwenken. Oder man bestreicht Zucchini- und Auberginenscheiben damit und grillt sie im Backofen.

* * *

Tipp:
Zum Mahlen von harten Kräutern, zum Beispiel der getrockneten Steinpilze, geht auch eine elektrische Kaffeemühle; die gibt es günstig online.

* * *

Kräuterbutter

125 g Butter (Zimmertemperatur)
2 Knoblauchzehen
2 EL Schnittlauchröllchen
2 EL Petersilie (auch die Stengel)
2 EL Liebstöckel
1 TL Kerbel
1 TL Paprikapulver
Salz und Pfeffer nach Geschmack

Die Kräuter ganz klein schneiden mit den Gewürzen in die Butter mischen. Entweder die Masse in eine hübsche Schale füllen oder mit einer Spritztülle auf Pergamentpapier kleine Portionen spritzen und kaltstellen. (Es gehen auch Trockenkräuter; diese zuvor mit einem Spritzer Wasser aufweichen)

* * *

Tipp:
Für viele Kochfans ist es ein Muß, Gemüsebrühe selbst herzustellen. Dörrapparate gibt es günstig online. Die Stromkosten für die Backofenmethode mit leicht geöffneter Tür sind zu hoch.

* * *

Suppengemüse dörren und mahlen für Gemüsebrühe

4 Karotten, in dünne Scheibchen gehobelt
1 großen Lauch, in Scheiben geschnitten
1 Bund Petersilie (kraus oder glatt) mit Stengeln
1 Bund Schnittlauch, längs einmal durchgeschnitten
1 kleinen Sellerie, in dünne Stifte geschnitten und/oder Sellerieblätter
3 EL Salz/Meersalz (zum Haltbarmachen)

Im Dörrapparat nach Anleitung trocknen. Es sollte alles „rascheln". Dann im Mixer oder mit einer elektrischen Kaffeemühle zu Pulver mahlen. Salz dazu und gut mischen. In ein Schraubglas füllen und dunkel lagern. Das hält mindestens 3 Monate.

Nicht dörren, wenn draußen hohe Luftfeuchtigkeit herrscht. Die Kräuter trocknen ewig nicht. Im Winter macht das nichts aus, da drinnen geheizt wird.

2 Salatsaucen, Dips und Croutons

* * *

Croutons und Käse-Croutons

6 Scheiben Dinkelbrot aus feingemahlenem Dinkelvollkorn in Würfel schneiden. Auf ein Backblech legen und mit Paprika, Salz und Pfeffer würzen. Ein wenig Trockenkräuter darüberstreuen (Petersilie, Schnittlauch, Knoblauch, Thymian etc.)
Etwas Pflanzenöl fein darüber träufeln und bei 200 Grad auf mittlerer Schiene ca.10 Minuten - oder bis sie krustig sind - backen.

Für Käse-Croutons das Blech nach ca.8 Minuten rausnehmen und 150 g feingeriebenen Emmentaler oder Manchego/Etorki (zwei Hartkäse vom Schaf) darüberstreuen. Unter Oberhitze 200 Grad anbrutzeln. Bitte dabei bleiben und kontrollieren, dass der Käse nicht verbrennt.

Das schmeckt toll auf Suppen oder Salate gestreut. Aber auch nur zum Knabbern sind beide Croutons sehr lecker.

* * *

Salatsauce für alle Blattsalate

Saft von 1 großen Bio-Orange plus Fruchtfleisch plus Schalenabrieb
1-2 TL brauner Zucker
1-2 EL mittelscharfer Senf
6 EL Weißweinessig
6 EL gutes Pflanzenöl

1 Bund Schnittlauch, in Röllchen geschnitten
1 mittelgroße Zwiebel, kleingeschnitten
Salz, Pfeffer nach Geschmack

Saft, Zucker, Senf, Essig und Gewürze in ein Schraubglas geben
und kräftig schütteln. Öl dazugeben und weiterschütteln oder den
Mixstab nehmen, bis die Sauce sämig ist. Abschmecken. Wenn die
Sauce zu dick oder zu mild ist, mit Essig nachwürzen.
Schnittlauch und Zwiebel erst beim Servieren über den Salat
streuen. Anschließend die Sauce darübergeben.

* * *

Saure Salatsauce

5 EL Weißweinessig
3 EL gutes Pflanzenöl
1 TL mittelscharfer Senf
1 Schuß lauwarmes Wasser
Salz, Pfeffer nach Geschmack

Die Zutaten erst ohne Öl im Schraubglas durchschütteln und dann
nochmal mit dem Öl zusammen.
Nach Belieben Zwiebel, Schnittlauch, Petersilie, Knoblauch oder
Essiggurke vor dem Servieren zugeben.
Diese Salatsauce eignet sich für Tomaten, Radieschen etc..Für
Gurkensalat kann man der Sauce etwas Sahne und Dill
beimischen. Für Karottensalat der Sauce etwas Zucker und
Zitronensaft zufügen. Für Bohnensalat den Senf weglassen und
etwas mehr Essig und Bohnenkochwasser verwenden.

* * *

Schnittlauchöl zu Spargel (vegan)

1 großer oder 2 kleine Bund Schnittlauch
200 ml Walnussöl
2 TL Salz/Meersalz

Den Schnittlauch in 1 cm lange Röllchen schneiden, kleiner ist nicht nötig. Die drei Zutaten mit dem Mixstab zu einer Sauce pürieren. In einem Schraubglas im Kühlschrank hält das Öl mindestens eine Woche. Die Sauce schmeckt auch lecker auf Nudeln mit geriebenem Käse.

* * *

Butter-Zitronensauce zu grünem und weißem Spargel

Saft von ½ Zitrone
2 EL Wasser
100 g Butter
Salz, Pfeffer nach Geschmack

Zitronensaft und Wasser erhitzen und die Butter in Stückchen dazugeben und schmelzen lassen. Mit Salz und Pfeffer abschmecken.
Schmeckt auch über Fisch.

* * *

Selbstgemachte Mayonnaise

1 großes Eigelb oder 2 kleine
1 TL mittelscharfer Senf
100-120 ml gutes Pflanzenöl
Salz nach Geschmack
1 kleingewürfelte Knoblauchzehe
1 EL Zitronensaft oder Weißweinessig
2 EL Schnittlauchröllchen

Im Sommer eine Stunde zuvor alles in den Kühlschrank stellen: Ei, Senf, Öl, Schüssel und Rührlöffel/Rührstäbe vom Mixgerät (ich persönlich nehme gerne langstielige Cocktaillöffel und rühre von Hand). Generell gilt, dass alles in etwa gleich kühl sein sollte, damit die Mayonnaise nicht gerinnt.

Das Rührgefäß auf ein feuchtes Tuch stellen, damit es beim Rühren nicht mitdreht. Eigelb und Senf in einer Porzellan- oder Metallschüssel kurz glattrühren. Das Öl nun in einem dünnen Faden unter gleichmäßigem Weiterrühren einlaufen lassen. Die Sauce wird nun allmählich dick. Wenn die gewünschte Festigkeit erreicht ist, rühren wir Salz und Zitrone/Essig unter bis die Masse homogen ist. Anschließend den Schnittlauch und den Knoblauch von Hand unterheben.

Manche Köche rühren ein paar EL Quark unter wegen der Leichtigkeit, oder sie lassen den Schnittlauch oder den Knoblauch weg.

* * *

Kräuterquark

500 g Sahnequark
1 Naturjoghurt, Vollfett, ca. 150 g
1 gute Handvoll Kresse mit Stengeln, kleingehackt
1 Bund Schnittlauch in Röllchen geschnitten
Salz nach Geschmack

Alles gut vermengen.Schmeckt prima auf Brot, zu Rohkost und zu
Pellkartoffeln.
Man kann auch etwas Kümmel dazugeben, sollte dann aber
vielleicht die Kresse weglassen.

* * *

Tipp:
Rohe Zwiebel- und Knoblauchwürfel sind bekömmlicher, wenn
man sie 10 Minuten an der Luft stehen lässt. Man kann sie in
Schraubgläser füllen und separat servieren, falls empfindliche
Mitesser am Tisch sitzen. Dann kann sich jeder selbst seinen Salat
damit würzen.

* * *

Avokado-Dip

3 weiche Avokados (Kerne aufheben)
Saft von 1 Bio-Zitrone plus Schalenabrieb
200 g Schafsfeta
2 Knoblauchzehen, kleingewürfelt
Salz, Pfeffer nach Geschmack
1 Naturjoghurt, Vollfett, ca. 150 g
1-2 rote frische Chilischoten, kleingewürfelt
1 mittelgroße Zwiebel, kleingewürfelt

Die Avokados längs halbieren und um den Kern drehen, dann mit einem Löffel das Fruchtfleisch herausschaben. Die Kerne aufheben. Diese kommen anschließend in den Dip: angeblich verfärbt die Avokadomasse dadurch langsamer.
Das Avokadofleisch in ein hohes Mixgefäß geben, zerdrücken und sofort den Zitronensaft und den Abrieb darüber geben, damit es nicht braun wird. Feta, Joghurt, Knoblauch zugeben und alles mit dem Mixstab pürieren. Zum Schluß mit einer Gabel die Zwiebelwürfel und Chiliwürfelchen untermengen. Abschmecken mit Salz und Pfeffer. In ein hübsches Gefäß geben und die Kerne darin versenken.

* * *

Warme Tomatenstückchen (auf geröstetes Brot oder heiße Spaghetti mit Parmesan)

3 Tomaten
1 EL gutes Pflanzenöl
Salz, Pfeffer nach Geschmack
½ Knoblauchzehe
Etwas gehackte Petersilie, Baslikum

Tomaten halbieren, Kerne rausmachen. Öl und Knoblauch in einer Pfanne auf niedriger Stufe sanft erwärnen und die Tomatenhälften mit der Schnittfläche nach unten hineinlegen. Deckel drauf. Nach einigen Minuten kann man die Tomatenschalen ganz leicht mit der Hand abziehen. Die Tomaten mit der Gabel zerdrücken und würzen. Den Knoblauch vorher entfernen oder ebenfalls zerdrücken.

3 Salate, frisch aus natürlichen Zutaten

* * *

Rote Beete-Salat

3 mittelgroße Rote Beete
2 mittelgroße Zwiebeln
1 TL ganzen Kümmel
1-2 TL brauner Zucker
300 ml Gemüsebrühe
1 Tasse Weißweinessig
3 EL gutes Pflanzenöl
Salz, Pfeffer nach Geschmack

Die halbierten Rote Beete und die Zwiebeln in 3 mm dicke
Scheiben bzw. Ringe schneiden und in einen Topf geben. Die
restlichen Zutaten - außer dem Öl – dazugeben. Kochen bis die
Roten Beete zart sind. Die Flüssigkeit sollte höchstens bis zur
Hälfte verdampfen; also besonders am Anfang den Deckel
drauflassen. Wenn alles abgekühlt ist, in eine Salatschüssel
umfüllen und das Öl unterrühren. Der Salat schmeckt am besten
kalt, also ruhig ein Weilchen in den Kühlschrank stellen. Eventuell
mit Essig nachwürzen.

* * *

Tipp:
Bittere Salate wie Endivie, Chicoree und Radicchio im ganzen in
einer großen Schüssel mit warmem Wasser waschen – das
reduziert den bitteren Geschmack auf ein angenehmes Maß.

* * *

Bohnensalat

500 g grüne Bohnen, geputzt und halbiert
3 Zweige Bohnenkraut oder 1 TL getrocknetes Bohnenkraut
1-2 mittelgrosse Zwiebeln, gewürfelt
1 Knoblauchzehe ganz
6 EL Weißweinessig
3 EL gutes Pflanzenöl
Salz, Pfeffer nach Geschmack
1 Schuß Bohnenkochwasser

Die Bohnen in wenig Wasser mit Bohnenkraut, Salz, Pfeffer und
der ganzen Knoblauchzehe weich kochen, aber mit ein wenig Biß.
Es sollte nur wenig Wasser übrigbleiben, damit man keine
Nährstoffe weggießen muß. Knoblauchzehe und
Bohnenkrautzweige wegwerfen. Die abgekühlten Bohnen in einer
Salatschüssel mit Essig, Öl und einem Schuß Kochwasser
anmachen und nachwürzen. Die Zwiebelwürfel erst vor dem
Servieren untermengen.

* * *

Tipp:
Für Gurkensalat die Gurke längs halbieren und mit einem
Teelöffel die Kerne herausschaben. Der Salat wird bekömmlicher
und die Sauce nicht wässrig.

* * *

Kartoffelsalat (für circa 8 Personen)

2 kg Salatkartoffeln oder vorwiegend festkochende
4 mittelgroße Zwiebeln, kleingewürfelt
1 Bund Schnittlauch, in Röllchen geschnitten
1 Knoblauchzehe, kleingewürfelt
1-2 EL Senf, mittelscharf
1 EL brauner Zucker
1 Liter kräftige und warme Gemüsebrühe
250 ml Weißweinessig circa
125 ml gutes Pflanzenöl circa
Salz, Pfeffer nach Geschmack

Die Kartoffeln ungeschält weichkochen. Noch warm schälen und
in 3 mm dicke Scheiben schneiden (sehr große Kartoffeln längs
halbieren und dann in Scheiben schneiden). Die Kartoffeln in
einer großen Schüssel mit der gut warmen, kräftigen Gemüsebrühe
übergießen und etwa eine Stunde zugedeckt ziehen lassen. Essig,
Senf, Zucker, Salz und Pfeffer in einem Schraubglas kräftig
schütteln bis sich der Senf aufgelöst hat. Über die Kartoffeln
gießen und alles schön vermischen. Dann das Öl untermischen.
Der Salat soll schön glänzen und darf ruhig „schlotzig" sein.
Nachwürzen nach Gefühl. Vor dem Servieren Zwiebeln,
Knoblauch und Schnittlauch untermengen. Eventuell muß man
noch ein wenig Brühe nachgießen.
Oder: man übergießt Zwiebel und Knoblauch mit ¼ Liter heißer
Gemüsebrühe, läßt sie ziehen und gibt sie dann vor dem Servieren
mit dem Schnittlauch in den Kartoffelsalat.

* * *

Tipp:
Die Schwaben nehmen für den Kartoffelsalat Fleischbrühe und manchmal für die Farbe noch 1-2 zerdrückte, hartegekochte Eigelb. Ich nehme nur Gemüsebrühe und kein Eigelb, damit auch Vegetarier und Veganer einen guten Kartoffelsalat genießen dürfen. Kein Schwabe hat jemals gemerkt, dass ich keine Fleischbrühe genommen habe. Etwas Kurkuma oder Currypulver machen auch gelb, aber bitte wirklich nur wenig in die Salatsauce geben.

* * *

Nudelsalat (4 Personen)

500 g kleine Nudeln z.B. Hörnchen
200-250 g geräuchter Schinkenspeck, dünngeschnitten und kleingewürfelt
5 große saure Essiggurken, gewürfelt (Gurkenwasser aufheben)
2 mittelgroße Zwiebeln, kleingewürfelt
1 Knoblauchzehe, kleingewürfelt
2 frische rote Paprika, kleingewürfelt
1 Tiefkühlpackung grüne Erbsen (ca. 300 g)
1 kleine Dose Mais, nach Belieben
250 g Mayonnaise aus dem Glas (oder Mayonnaise siehe „Saucen")
2-3 EL gutes Pflanzenöl
200 ml Weißweinessig circa
1-2 EL Senf
Salz, Pfeffer

Die Nudeln nach Packungsanweisung kochen und abgießen.Schinkenspeck in 2-3 EL Öl anbraten, Zwiebeln und Knoblauch dazugeben und die TK-Erbsen unterrühren.Mit Essig und Gurkenwasser ablöschen. Deckel draufgeben und vom Herd nehmen. Jetzt einfach 5 Minuten stehen lassen, damit die Erbsen auftauen können.

Die Nudeln in einer Salatschüssel mit Mayonnaise, Senf, frischen Paprikawürfeln, Essiggurken und Mais mischen. Nun die noch warmen Zutaten aus dem Topf untermengen und mit Salz, Pfeffer abschmecken. Ist der Salat zu „schwer", einfach noch Gurkenwasser dazugeben. Der Nudelsalat schmeckt bei Zimmertemparatur am besten, und nachdem er eine Stunde durchgezogen hat.

* * *

Tipp:
Eierfreie Nudeln sind lecker und hühnerfreundlich. Die Italiener machen es uns vor. Und manch eine Mayonnaise im Glas gibt es mit dem Hinweis, daß die Eier darin aus Bodenhaltung stammen. Wir wollen an das Gute glauben.

* * *

Wurstsalat (4 Personen)

400-500 g Lyoner vom Metzger, in feine Scheiben geschnitten
100 g getrocknete Blutwurst vom Schwarzwurstring beim Metzger
250 g Emmentaler in Scheiben (oder vom Schaf: z.B. halb Etorki,
halb Manchego)
6 große saure Essiggurken mindestens (nach oben kaum eine
Grenze…)
1 Bund Radieschen
1 frische rote Paprika
1 frische gelbe Paprika
2 mittelgroße Zwiebeln, kleingewürfelt
2 Knoblauchzehen, kleingewürfelt
1 Bund Schnittlauch, in Röllchen geschnitten

Für die Salatsauce:
300 ml kräftige Gemüsebrühe
2 gehäufte EL mittelscharfer Senf
1 gehäufter TL Tomatenmark
150 ml vom Gurkensud aus dem Glas
100 ml Weißweinessig
100 ml gutes Pflanzenöl (z.B. Traubenkernöl, Olivenöl schmeckt
nicht dazu!)
Salz, Pfeffer nach Belieben

Jetzt die Zutaten außer dem Öl in ein Glas mit Drehverschluss
geben und gut schütteln. Dann das Öl zugeben und nochmal
schütteln. Die sämige Salatsauce muß gut sauer schmecken.

Lyoner und Käse in feine Streifen schneiden. Die Radieschen ebenfalls in feine Streifen und die Paprika und die Essiggurken in kleine Würfel schneiden.

In einer grossen Schüssel mit der Salatsosse vermengen. 3 EL von der Sauce für die Schwarzwurst aufheben.

Zwiebeln und Knoblauch geben wir in zwei separate Schraubgläser. Die Zwiebeln werden erst beim Servieren untergemengt, und die Knoblauchwürfelchen darf sich jeder nach Bedarf selbst dazu mischen.

Und jetzt zur Schwarzwurst: die feingeschnittenen Schwarzwurststreifen werden einfach in einem separaten Schälchen mit einer kleinen Menge der Sauce übergossen. Viele Leute mögen keine Blutwurst; und wer sie liebt, kann sie sich jetzt auf seinem Teller dazumischen.

Dazu schmeckt am besten ein gescheites Bauernbrot.

* * *

Schafsfeta – einfach angemacht

200 g Schafsfeta natur, aus der Salzlake
1 mittelgroße Zwiebel, kleingewürfelt oder in zarte Ringe geschnitten
2 EL Petersilie, kleingeschnitten
1 TL Oregano
1 Knoblauchzehe, kleingewürfelt
1-2 rote Chilischoten, kleingewürfelt (notfalls eine große Prise Paprikapulver in Öl gerührt)
Schwarzer Pfeffer nach Belieben
Saft von ½ Zitrone (notfalls 1 EL Weißweinessig)
2-3 EL gutes Pflanzenöl, z.B. Olivenöl

Feta in ein Glas- oder Porzellangefäß geben. Die zerkleinerten Zutaten auf den Schafskäse streuen. Zitronensaft, Pfeffer und Öl darübergeben. Feta ein paar mal wenden, dabei ruhig in kleinere Stücke zerteilen. Oliven nach Wahl separat servieren.

4 Suppen und Eintöpfe

* * *

Vichisoisse (kalte Kartoffel-Lauch-Suppe)

2 mittelgroße Lauchstangen, in 1 cm breite Scheiben geschnitten
(das zarte Grün mitverwenden)
3-4 mittelgroße rohe Kartoffeln (mehlig kochende), geschält und
gewürfelt
100 ml süße Sahne mindestens, ungeschlagen
50 g Butter oder entsprechend Menge gutes Pflanzenöl (z.B.
Traubenkernöl)
Salz/Meersalz nach Belieben
1 Prise Muskatnuss reiben nach Geschmack
1 Liter Geflügelbrühe (es geht auch Gemüsebrühe)

Lauch in Butter/Öl einige Minuten andünsten, mit der Brühe
ablöschen und die rohen Kartoffelwürfel dazugeben. Bei
reduzierter Hitze und geschlossenem Deckel circa 15 Minuten
köcheln bis alles weich ist. Die Suppe mit dem Mixstab oder im
Mixer pürieren. Mit Salz und Muskat würzen und abschmecken.
Die Suppe abkühlen lassen und in den Kühlschrank stellen. Vor
dem Servieren die süße Sahne unterrühren. Im Sommer schmeckt
das herrlich.

* * *

Mama-Supp' (für traurige oder kalte Tage)

2 große rohe Rindsrouladen (dünn und ohne Füllung), ca.400 g
1 Hähnchenbrust (ohne Haut oder Haut abziehen)
1 Paar gerauchte Bauernbratwürste oder ähnliches
1 große Zwiebel, kleinwürfeln
200 g Sellerie, kleinwürfeln
oder Sellerieblätter/Liebstöckel/Petersilie mit Stielen hacken
1 große Lauchstange in feine Scheiben schneiden, auch das Innere
vom grünen Ende
5 mittelgroße Karotten oder Gelbe Rüben
400-500 g grüne Bohnen, in circa 3 cm lange Stücke geschnitten
1 Kohlrabi, in feine Stifte schneiden
2-3 getrocknete Tomaten, sehr klein schneiden
3 reife Tomaten vierteln, Strunk entfernen, roh pürieren
1 Bund Schnittlauch, in Röllchen schneiden
2 Liter kaltes Wasser
100 ml gutes Pflanzenöl
Salz, Pfeffer (Gemüsebrühpulver zum Nachwürzen) nach Belieben

Fleisch in feine Streifen und die Hartwürste in dünne Scheiben
schneiden und mit dem Sellerie oder den gehackten Kräutern in
kaltem Wasser mit Salz und Pfeffer aufsetzen und aufkochen. Bei
reduzierter Hitze und geschlossenem Deckel 20 Minuten köcheln
lassen. Jetzt erst das Öl zugießen und Karotten, getrocknete
Tomaten und Bohnen zugeben. Nach weiteren 20 Minuten
Kohlrabi, Zwiebel, Lauch, und Sellerie hinzufügen. Die Suppe
nochmal 20 Minuten simmern lassen. Mit Salz, Pfeffer und
eventuell Gemüsebrühpulver nachwürzen. Vor dem Servieren das
Tomatenpüree und den Schnittlauch in die Suppe geben.

4 Suppen-Tipps:

Wenn man Fleisch und Wasser kalt aufsetzt, bekommt die Suppe mehr Geschmack. Legt man das Fleisch in kochendes Wasser, bleibt mehr Geschmack im Fleisch, aber die Brühe ist nicht so gehaltvoll.

Gießt man etwas rohes Tomatenpüree (falls gewünscht durchsieben) in die Suppe, bekommt sie einen Geschmackskick und eine zarte rötliche Färbung, was sehr appetitlich aussieht.

Bei mehreren Sorten die Gemüse immer nach und nach je nach Länge der Garzeit zugeben.

Man braucht keinen Schaum abschöpfen und keine Suppe klären: wenn man ein paar Mal umrührt, ist das alles wieder weg.

* * *

Tomatensuppe (vegan)

1 kg reife Tomaten, Strünke entfernt und geviertelt
750 ml Gemüsebrühe, circa
1-2 EL brauner Zucker
1 Knoblauchzehe
Salz/Meersalz, Pfeffer nach Belieben
1 TL Basilikum oder 6-8 Blättchen
1 TL Petersilie oder ein paar frische Zweige mit den Stengeln
4 EL gutes Pflanzenöl

Tomaten und Brühe aufkochen und Zucker, Salz und Pfeffer, Knoblauchzehe, Basilikum, Petersilie und Öl zugeben.Eine Minute kochen lassen, dann den Herd ausschalten und die Suppe auf der heißen Herdplatte 5-10 Minuten bei geschlossenem Deckel köcheln und ziehen lassen. Die Knoblauchzehe kann man entfernen. Mit dem Mixstab fein pürieren.

Die fertige Tomatensuppe mit der gewölbten Seite einer Suppenkelle durch ein Sieb streichen, wenn man die Kerne und die winzigen Schalenstückchen nicht mag.

Oben drauf passen Croutons, Käsecroutons oder Röstzwiebeln aus den Kapiteln „Salatsaucen, Dips und Croutons" und „Gemüse, Käse, Fleisch, Kloß, Nudeln".

* * *

Gelbe Erbsen-Eintopf (für mindestens 4 Erwachsene)

500 g getrocknete gelbe halbierte Schälerbsen (diese müssen nicht eingeweicht werden)
2 Liter Gemüsebrühe
4 EL gutes Pflanzenöl oder 50 g Butter
500 g frisches Suppengemüse (oder Karotten, Lauch, Sellerie separat), kleingewürfelt
2 mittelgroße Zwiebeln, kleingewürfelt
1-2 Knoblauchzehen
1 Bund Petersilie mit Stielen
Salz, Pfeffer nach Belieben (erst am Ende der Garzeit zugeben)
1 Schuß Weißweinessig (erst am Ende der Garzeit zugeben)
1 Prise Muskatnuss reiben (erst am Ende der Garzeit zugeben)
200 g geräuchter Schinkenspeck, in Scheiben und schmale Streifen geschnitten

1 Paar Bauernbratwürste, Pfefferbeißer oder Peitschenstecken in dünne Scheiben geschnitten

Die Erbsen in der Brühe aufkochen und eine Stunde weich köcheln lassen (eventuell Flüssigkeit nachgießen). Dann Suppengemüse, Zwiebeln und Knoblauch zugeben und weitergaren lassen. Immer wieder den Deckel draufgeben. Nach etwa 20 Minuten pürieren und anschließend Öl/Butter, Kräuter, Gewürze und einen Schuß Essig einrühren.
Da die Suppe sehr heiß ist, kann man den Speck und die Hartwurst kalt hineinlegen und ein paar Minuten ziehen lassen. Es passen auch Saitenwürste/Wiener/Frankfurter dazu.

* * *

Hinweis:
Gelbe Erbsen und gelbe Bohnen sind wahre Eiweißbomben.

* * *

Ganz wichtiger Tipp:
Wenn Sie Ihren Mixstab lieben, immer sofort nach Gebrauch wie folgt reinigen: in ein passendes hohes Gefäß etwas Spülmittel und heißes Wasser geben und den Mixsstab darin laufen lassen. Anschließend in fließend heißem Wasser den Mixstab so lange laufen lassen, bis das Wasser im Gefäß klar ist. Bitte den Motor nicht eintunken !

* * *

Kartoffelsuppe mit Röstzwiebeln

6 mittelgroße mehlig kochende Kartoffen, geschält und gewürfelt
750 ml kräftige Gemüsebrühe
1-2 EL gutes Pflanzenöl
1 Bund Petersilie mit Stielen, etwas zerkleinert
Salz, Pfeffer nach Belieben
1 Prise Muskatnuss reiben nach Belieben

Brühe, Kartoffeln, Petersilie und Öl aufkochen und 15 Minuten
köcheln, Deckel geschlossen halten. Wenn die Kartoffeln weich
sind, die Suppe mit dem Mixstab pürieren.
Dazu passen obendrauf die Röstzwiebeln aus Kapitel „Gemüse,
Käse, Fleisch, Kloß, Nudeln".

Man kann auch Bratwurst, Schinkenspeck oder Saitenwürste
dazugeben oder nur ein bisschen geriebenen Käse über die
Röstzwiebeln streuen.
Somit kann man die Kartoffelsuppe vegan, vegetarisch oder mit
Fleisch zubereiten.

* * *

Tipp:
Auch Zucchini mit Schale oder Gurken mit Schale kann man nach
diesem Rezept zubereiten. Dabei eventuell Muskat weglassen und
etwas weniger Brühe verwenden, weil diese beiden Gemüse selbst
viel Flüssigkeit besitzen. Und wenn Sie rohe Kohlrabi oder
Broccoli übrig haben, dann können Sie auch daraus eine gute,

pürierte Suppe kochen; wenn Sie Sahne zugeben möchten, eventuell etwas weniger Öl verwenden.

* * *

Kresse-Rahm-Süpple

2 mittelgroße mehlig kochende Kartoffeln, geschält und gewürfelt
1 mittelgroße Lauchstange, in Scheiben geschnitten (das zarte Grün mitverwenden)
300 g frische Kresse, mit den Stielen (auf jeden Fall 3 gute Handvoll)
1 EL gutes Pflanzenöl
750 ml Gemüsebrühe oder Geflügelbrühe
150 ml süße Sahne circa
Salz, Pfeffer nach Belieben
1 Prise Muskatnuss reiben nach Geschmack

Kartoffeln, Lauch, Öl und Brühe aufkochen und bei niedriger Hitze und geschlossenem Deckel 10 Minuten weiterköcheln. Die Kresse zugeben und nochmal 5 Minuten weiterkochen. Wenn die Kartoffeln weich sind, alles pürieren. Die Gewürze und die Sahne mit dem Schneebesen unterschlagen (eventuell 1 TL brauner Zucker, falls die Kresse etwas bitter schmeckt).
Wer keine Sahne verträgt, kann mit mehr Öl arbeiten und vielleicht Käse darüberreiben.

* * *

Linsen-Eintopf (für mindestens 4 Personen)

400-500 g Trockenlinsen (regionale Sorten, 12-24 Stunden vorher einweichen)
4 Karotten, in dünnen Scheiben oder gewürfelt
2 Lauchstangen, in Ringe geschnitten (auch das zarte Grün mitverwenden)
1-2 Knoblauchzehen, kleingewürfelt
2 EL Senf
1 EL Tomatenmark (oder 3 frische Tomaten, roh püriert)
1 Liter Gemüsebrühe (mindestens)
1 TL Kümmel, gemörsert
2-3 EL Petersilie und/oder Liebstöckel
Salz, Pfeffer nach Belieben (erst am Ende der Garzeit zugeben)
2 EL gutes Pflanzenöl
1 Tasse Weißweinessig (erst am Ende der Garzeit zugeben)

Zusätzlich:
1 Paar Bauernbratwürste, Pfefferbeißer oder Peitschenstecken in dünne Scheiben geschnitten
100 g Schinkenspeckwürfel
300 g Hackfleisch (frisch vom Metzger)

Die eingeweichten Linsen abgießen und im Sieb mit frischem Wasser abbrausen. Dann in einen großen Topf geben zusammen mit der Brühe und den übrigen Zutaten – außer Salz, Pfeffer und dem Essig. Gut durchrühren, damit das Hackfleisch nicht klumpt. Aufkochen und mindestens eine Stunde bei reduzierter Hitze kochen. Erst wenn die Linsen weich sind, 1 Tasse Essig zugeben und würzen. Wenn die Linsen zu trocken werden, etwas mehr Brühe nachgießen.

5 Gemüse, Käse, Fleisch, Kloß, Nudel

* * *

Zwei Basis-Bratensaucen (alkoholfrei)

Rinderbratensauce/Wildsauce:

500 g Suppengemüse (aus Karotten, Lauch, Sellerie, Petersilie)
1 große Zwiebel
2 Knoblauchzehen
1 Glas Sauerkirschen (680 g Füllmenge, 350 g Abtropfgewicht = 330 g Saft)
¼ Liter sehr kräftige Gemüsebrühe (eventuell etwas mehr, falls die Sauce zu dick wird)
2 gehäufte EL Stärkemehl
2 gehäufte EL Butterschmalz oder circa 80 ml gutes, erhitzbares Pflanzenöl
2 EL Salz/Meersalz
1 EL Pfeffer
1 EL Paprikapulver

Suppengemüse (waschen und putzen) und Zwiebel in circa 1 x 1 x 1 cm große Würfel schneiden; Petersilie mit den Stielen und den geschälten Knoblauch ganz lassen.1 Tasse vom Kirschsaft mit der Stärke mischen bis die Klümpchen sich aufgelöst haben.

Suppengemüse und Zwiebel in das heiße Fett geben und kräftig anbraten. Knoblauch, Petersilie und die Gewürze dazugeben, kurz mitbraten und mit der Gemüsebrühe und dem Inhalt des Kirschglases (Kirschen und Saft) ablöschen. Aufkochen und die aufgelöste Stärke dazugeben, bis die Sauce andickt.
Die Temperatur soweit herunterdrehen, daß der Topfinhalt nur leise köchelt bzw. simmert. Deckel schließen.

Nach einer Stunde die Sauce mit dem Mixstab pürieren und mit der gewölbten Seite einer Suppenkelle durch ein Sieb streichen. Dies ergibt ungefähr 1 Liter Saucenbasis.

Diese Sauce eignet sich zum Ablöschen von dunklen Braten wie Sauerbraten, Rindsrouladen, Wild.

Für Schweinebratenssauce (für Kalb Kümmel weglassen):

Kirschen und Saft ersetzen durch 2 geviertelte Äpfel mit Schale ohne Kernhaus (oder 1 Apfel, 1 Birne), 3 halbierte Tomaten, 2 EL Kümmel ganz, 2 EL Tomatenmark.
Eventuell braucht man noch etwas Gemüsebrühe oder einen Schuß Bier/Malzbier.

* * *

Tipp:
Etwas geschälter und kleingeriebener Apfel gibt ein wenig Säure und Bindung in einen ungebundenen Schweinebraten-Saft (5 Minuten mitköcheln), wenn man keine Bratensauce dazu machen möchte.

* * *

Serviettenkloß aus altbackenen Brezeln/Laugensemmeln

4-5 altbackene Bretzeln/Laugensemmeln (je nach Größe)
1 EL Butter oder Pflanzenöl
125 g Mehl
250 ml Milch oder Wasser
2 Eier
2 mittelgroße Zwiebeln, kleingewürfelt
1 Bund Petrsilie, kleingehackt, ruhig auch mit Stengeln
Salz
Muskat nach Belieben

Laugengebäck in Würfel schneiden. Mehl, Eier, Flüssigkeit und Salz/Muskat zu einem Teig rühren und über das Gebäck geben. Zwiebeln in Butter oder Öl glasig dünsten und zusammen mit der Petersilie zu den anderen Zutaten geben. Alles schön vermengen und eine halbe Stunde stehen lassen, damit das Brot quellen kann.
Die Masse auf ein gefettetes Geschirrtuch geben, einrollen und das Tuch zu einer Wurst drehen. Beide Enden mit Küchengarn zubinden. Den Kloß in einen Topf mit kochendem Salzwasser legen und bei reduzierter Hitze im simmernden Wasser eine Stunde ziehen lassen.
Zum Servieren den Kloß in Scheiben schneiden. Abgekühlte Scheiben kann man auch in Butter oder Pflanzenöl braten. Dazu schmecken Rahm- oder Bratensauce und ein frischer Salat.

* * *

Hackfleischkugeln aus dem Backofen
500 g gemischtes Hackfleisch, frisch vom Metzger
1 gehäufter EL Tomatenmark
1-2 gehäufte EL Senf, mittelscharf
1 mittelgroße Zwiebel, kleingehackt
1 Knoblauchzehe, kleingehackt
1 rote Chilichote, kleingehackt (oder 1 EL Paprikapulver)
Salz, Pfeffer nach Belieben

Alles durchkneten und Kugeln mit circa 3 cm Durchmesser formen, diese auf ein Backblech mit Backpapier legen und etwas andrücken. Bei 180 Grad circa 20-30 Minuten backen, je nach Größe (Ober- und Unterhitze). Nachschauen, daß sie nicht verbrennen.

Als Varianten kann man in den rohen Teig 100 g geriebenen Emmentaler (oder vom Schaf: Manchego/Etorki) mit einkneten, oder man versteckt in die Mitte der Hackfleischkugeln vor dem Backen je 1 Würfelchen Schafsfeta.

Dazu passt wunderbar der Avokado-Dip aus Kapitel „Salatsaucen, Dips und Croutons".

* * *

Tommi's Cordon Bleu-Röllchen

8 Schweineschnitzel, vom Metzger in circa 0,3 cm starke Scheiben geschnitten
16 dünne Scheiben gerauchten Schinkenspeck
8 dünne Scheiben Emmentaler oder 250 g gerieben (vom Schaf: Manchego/Etorki, gerieben)
2 getrocknete Tomaten, ganz klein geschnitten (oder 2 rote Pepperoni würfeln)
1-2 mittelgroße Zwiebeln, in feine Streifen geschnitten
3-4 gehäufte EL mittelscharfer Senf
Butterschmalz oder erhitzbares Pflanzenöl zum Braten
Salz, Pfeffer

Für die Panade:
3 Eier
Semmelbrösel (am besten vom Bäcker)
Mehl

Etwas Mehl auf einen flachen Teller streuen. Die Eier in einem tiefen Teller gut verquirlen. Auf einen weiteren Teller Semmelbrösel streuen.
Auf die Schweineschnitzel Senf streichen. Mit Salz und Pfeffer würzen. Darauf kommen auf jedes Schnitzel etwas von den Tomaten oder Chilis und Zwiebeln. Mit je 2 Schinkenspeckstreifen und einer Käsescheibe abdecken. Anschließend die Schnitzel einrollen. Die Röllchen mit ein oder zwei Zahnstochern zusammenhalten oder mit Küchengarn.
Die Röllchen werden in etwas Mehl gerollt, eventuell abklopfen, dann im Ei und abschließend in den Semmelbröseln gewälzt. Bei mäßiger Hitze langsam in Butterschmalz oder Öl in der Pfanne

etwa 10 bis 15 Minuten braten, dabei immer wieder drehen.Wenn sie anbacken, etwas Öl nachgießen.
Die Röllchen schmecken auch kalt sehr gut (z.B. bei einer Party als Fingerfood).

* * *

Vier-Käse-Sauce (auf Pasta)

100 g Gorgonzola
100 g Mozzarella
100 g Brie oder Camembert
100 g Emmentaler, gerieben
1 mittelgroße Zwiebel, kleingewürfelt
200-250 ml Sahne
Salz, Pfeffer
1 Prise Muskatnuss, frisch reiben
1 EL Butter oder gutes Pflanzenöl

Zwiebelwürfel im Fett andünsten, dann die Sahne einrühren. Anschließend bei reduzierter Hitze die 4 zerkleinerten Käsesorten nach und nach dazugeben und schmelzen lassen. Immer rühren dabei und vor dem Servieren die Gewürze zugeben.

* * *

Spargel-Grundzubereitung

500 g Spargel (am besten beim Händler schälen lassen und
Schalen/Abschnitte mitnehmen)
400 ml Spargelsud circa
1 große Prise Salz/Meersalz
1 EL brauner Zucker
1 TL Butter oder 1 TL gutes Pflanzenöl (vegane Variante)
1 Prise Muskatnuss, gerieben

Die Spargelabfälle in ½ Liter Wasser circa 30 Minuten bei
geschlossenem Deckel zu einem Sud auskochen.
Die geputzten Spargel nebeneinander in eine Pfanne/einen Topf
legen und mit den obigen Zutaten übergießen. Etwa 15-20
Minuten kochen; die Spargel sollten weich sein und der Spargelsud
fast verdunstet.
Grüne Spargel kann man auch im Backofen auf geöltem
Backpapier backen; einfach mal ausprobieren. Grüner Spargel ist
weniger holzig und man schält nur das untere Drittel, das Ende
knapp abschneiden.
Zu Spargel passen das vegane Schnittlauchöl oder die Buttersauce
mit Zitrone oder beides gemeinsam von Kapitel „Salatsaucen,
Dips und Croutons".

* * *

Tipp:
Spargel kann man in ein feuchtes Geschirrtuch gewickelt im Gemüsefach des Kühlschranks zwei Tage lagern. Das Tuch nach einem Tag nachfeuchten.

* * *

Würziger Aufstrich zum Überbacken von Baguette/Laugengebäck

100 g gekochter Schinken oder gerauchter Schinkenspeck, aufgeschnitten und kleingeschnitten
100 g Salami, in dünnen Scheiben und kleingeschnitten
200 Kräuter-Frischkäse
200 g Kräuter-Creme Fraiche
200 g Emmentaler, gerieben
1 großen oder 2 kleine Bund Schnittlauch, in Röllchen geschnitten
1 Prise Pfeffer

Verwendet man Frischkäse und Creme Fraiche „natur", dann 1-2 kleingewürfelte Knoblauchzehen und 1 kleingeschnittene Zwiebel zusätzlich untermengen.
Alle Zutaten mit einer Gabel gut vermischen. Dick auf halbierte Baguette oder Laugenbrötchen streichen und bei 200 Grad Oberhitze circa 10-15 Minuten überbacken, bitte beobachten.

* * *

Kartoffelteig-Quiche

6 kleine oder 3 größere Kartoffeln
1 Ei
150 Sahnequark
2 EL Mehl
1 Prise Muskatnuss, gerieben
Salz, Pfeffer nach Belieben
1 EL Pflanzenöl für die Auflaufform

Für den Belag:
1 Lauchstange (auch das zarte Grün) oder 2 Bund
Frühlingszwiebeln, kleingeschnitten
150 g geräuchter Schinkenspeck, in Scheiben und in schmale
Streifen geschnitten
1 EL Butter oder gutes Pflanzenöl zum Anbraten

Die Kartoffeln in der Schale weichkochen und lauwarm schälen.
Mit Quark, Ei, Mehl und den Gewürzen die Kartoffeln zu einem
schönen Teig stampfen und in die gefettete Auflaufform füllen.
Flachdrücken und am Rand ein wenig hochziehen.
Lauch/Frühlingszwiebeln mit dem Schinkenspeck in einer Pfanne
anbraten und wenden. Nach 5 Minuten auf den Kartoffelteig
geben und die „Quiche" im Backofen bei 175 Grad circa 25
Minuten backen (mittlere Schiene, Ober- und Unterhitze).

* * *

Hähnchen-Sülze ODER Schweinefleisch-Sülze

4-5 Hähnchenschlegel oder 1 Hühnchen roh zerteilt vom Metzger
500 ml kaltes Wasser circa
1 TL Gemüsebrühpulver oder Liebstöckel/Petersilie
1 Knoblauchzehe, ganz
Salz, Pfeffer nach Belieben

Das Hühnerfleisch in eine große Pfanne nebeneinander legen.
Gewürze/Kräuter dazu und mit dem kaltem Wasser übergießen.
Deckel draufmachen und aufkochen. Bei reduzierter Hitze 10
Minuten weiterkochen, dann wenden und nochmals 10 Minuten
kochen. Herd ausschalten und die Pfanne abkühlen lassen. Haut
und Knochen entfernen, Fleisch etwas zerkleinern und nach dem
Abkühlen im Kühlschrank 1 Stunde kühlstellen.
Spätestens jetzt sollte alles geliert sein. Das schmeckt sehr gut auf
Brot zusammen mit Essiggurke, frischer Gurke, Tomate, Zwiebel,
Rettich.

Für die Schweinefleischsülze etwa drei Scheiben Schweinehals mit
Fett dran (2,5 cm dick) mit den obigen Gewürzen/Kräutern in
eine Pfanne nebeneinander legen, aber mit nur etwa 350 ml Wasser
übergießen. Ansonsten die gleiche Vorgehensweise wie beim
Hühnerfleisch. Das Schweinefleisch geliert ebenfalls von selbst
und schmeckt kühl aus dem Kühlschrank herrlich zu einem
Vesper.

* * *

Spaghetti Carbonara (korrekterweise ohne Sahne)

500 g Spaghetti (ohne Ei)
250 g geräucherter Schinkenspeck, in Scheiben und kleingeschnitten
2 Bund Schnittlauch, in Röllchen geschnitten
300 g Emmentaler (vom Schaf: Manchego/Etorki), gerieben
5 ganze Eier „L" (von freilaufenden Hühnern aus der Region, Biofutter)
Salz, Pfeffer

Die Eier mit Salz und Pfeffer verquirlen und den Käse und den Schnittlauch dazu geben. Den Schinkenspeck in einer großen Pfanne ohne Deckel und bei kleiner Hitze im eigenen Fett langsam kross brutzeln.

Die fertigen, heißen Spaghetti abgießen, aber etwas Kochflüssigkeit im Topf zurückbehalten. In die Pfanne mit dem Speck umfüllen, den Speck mit dem Kochlöffel vom Pfannenboden lösen. Vom Herd nehmen und sofort die Ei-Mischung darübergießen. Mit zwei Gabeln gut unterrühren. Die Eier sollten gleich stocken; sonst nochmal kurz auf den Herd stellen.

* * *

Hop Sing-Pfanne

2 Schweineschnitzel
500 g Gemüse aus rohen Karotten, Lauch, Zwiebeln,
Brokkoli/Kohlrabi, Paprika, Chilischoten
Salz, Pfeffer
1 gehäufter EL Stärkemehl
2 Tassen KALTES Wasser
Sojasauce zum Nachwürzen
80-100 ml Erdnußöl oder Sesamöl zum Braten (beide sind hoch
erhitzbar)

Schweineschnitzel in schmale Streifen schneiden. Ebenfalls 2
Chilischoten und Karotten, rote Paprika, Zwiebel, Lauch (auch das
zarte Grün) und Kohlrabi in feine Stifte schneiden. Die
Brokkoliröschen zerkleinern und den Strunk schälen und würfeln.
Das Stärkemehl im kalten Wasser auflösen und Fleisch, Gemüse
und Salz/Pfeffer dazugeben. Gut mischen. Öl im Wok oder einer
großen Pfanne erhitzen und alles zusammen scharf braten; immer
wieder wenden. Hitze runterdrehen. Nach einigen Minuten vom
Herd nehmen und mit anständig Sojasauce würzen. Dazu passt
Reis.

Man kann das Gemüse auch ohne Fleisch braten, dann aber mit
700 g Gemüse.

* * *

Tipp:
Vom Brokkoli den Strunk mitverwenden: schälen und würfeln oder in Stifte oder Scheibchen schneiden. Der Strunk schmeckt fast besser als die Röschen.

* * *

Tipp:
1 Tasse Reis und 2 Tassen Wasser in einem Topf mit geschlossenem Deckel aufkochen. Herd ausschalten und in 20 Minuten weichgaren lassen. Das Wasser wird ganz aufgesogen und nichts muss weggegossen werden.

* * *

Balkan-Reis

2 mittelgroße Zwiebeln, kleingewürfelt
1-2 Knoblauchzehen, kleingewürfelt
1 rote oder grüne Chilischote, kleingehackt
1 TL Thymian oder Bohnenkraut
2 Tassen Reis
1 Liter heiße Hühnerbrühe
2 rote Spitzpaprika oder normale rote Paprika, grob zerkleinert
4 Tomaten, geviertelt
1 EL Senf, mittelscharf
1 Tasse Wasser

1 Packung Tiefkühl-Erbsen (300 g) aus dem Gefrierfach holen
Salz/Meersalz, Pfeffer nach Belieben
Gutes, erhitzbares Pflanzenöl oder Butter/Butterschmalz (nicht zu sparsam)

Paprika, Tomaten, Senf in 1 Tasse Wasser kalt pürieren. Die Hühnerbrühe bereitstellen. Zwiebeln in ÖL/Butterschmalz anbraten. Thymian/Bohnenkraut, Chilischote, Knoblauch, Salz, Pfeffer und den Reis dazugeben; gut rühren und kurz weiterbraten. Mit der Brühe ablöschen und die kalte Tomaten-Paprika-Sauce zufügen und einrühren. Sobald alles aufkocht, den Herd auf kleinste Stufe schalten und den Topf mit einem Deckel verschließen. 30 Minuten ziehen lassen. Falls der Reis zu trocken wird, ein bisschen Gemüsebrühe nachgießen. 5 Minuten vor dem Servieren die TK-Erbsen unterheben. Nochmal etwas Butter/Öl zugeben. Schmeckt einfach besser. Nur mit Gemüsebrühe und Pflanzenöl zubereitet, ist das Gericht vegan.

* * *

Röstzwiebeln

80 ml erhitzbares Pflanzenöl circa oder 50 g Butterschmalz
2 große Zwiebeln, halbiert und in dünne halbe Ringe geschnitten
1 TL Paprikapulver
1 EL brauner Zucker
Salz, Pfeffer nach Belieben

In das mäßig heiße Fett die Zwiebeln hineingeben und die Gewürze darüber streuen. Zeit lassen beim Braten und immer wieder wenden. Der Zucker karamelisiert und die Zwiebeln bekommen eine schöne Farbe.

* * *

Auberginen- und Zucchiniröllchen

1 Aubergine, geschält oder ungeschält
3 Zucchini, geschält oder ungeschält
50 Stück grüne Buschbohnen
1 ganze Knoblauchzehe
1 Prise Bohnenkraut (ins Bohnenwasser geben)
1 Prise Thymian
1 Prise Oregano
1 Prise Basilikum
250 g Emmentaler (oder vom Schaf: Etorki/Manchego/Feta), gerieben
500 g Rinderhack (frisch vom Metzger)
4 EL Semmelbrösel (vom Bäcker)
2 getrocknete Tomaten, ganz klein geschnitten
3-4 frische Tomaten, vierteln und pürieren
Salz/Meersalz, Pfeffer nach Belieben
Gutes Pflanzenöl nach Bedarf

Auberginen und Zucchini in dünne Längsscheiben schneiden. Die Auberginenscheiben salzen und aufeinander stapeln. Nach 15 Minuten von den Scheiben den bitteren Saft mit Küchenkrepp abtupfen. Thymian, Oregano, Basilikum in eine Tasse Öl geben. Die Gemüsescheiben nebeneinander auf das Backblech/Backpapier legen und mit etwas Öl bepinseln. Ohne Vorheizen circa 15 Minuten bei 200 Grad backen (Ober- und Unterhitze). Abkühlen lassen.
Währenddessen die Böhnchen (Enden abknipsen) in wenig Wasser mit dem Bohnenkraut und der Knoblauchzehe und etwas Salz in circa 15 Minuten weichkochen (optimalerweise ist das Kochwasser verdunstet).

Das Rinderhack mit den getrockneten Tomaten braten und gut salzen/pfeffern.

Auf jede Gemüsescheibe etwas Hack, bisschen Semmelbrösel, Käse und 2-3 Böhnchen legen und einrollen. In eine Auflaufform etwas vom Gewürzöl und die Hälfte des Tomatenpürees geben. Darauf die Röllchen legen und obenauf das restliche Tomatenpüree und Gewürzöl gießen. Falls Bohnen übrig sind, diese einfach mit dazulegen.

Die Auflaufform in den Backofen stellen und alles bei 175-200 Grad circa 15 Minuten backen (Ober- und Unterhitze), die Tomatensauce sollte nicht verbrennen. Schmeckt lauwarm am besten.

Vegetarier können das Hackfleisch weglassen und stattdessen Tomatenwürfel oder mehr Bohnen und zusätzlichen Käse einrollen.

Serviertipp:

Brotscheiben im Backofen rösten, Knoblauchhälten draufreiben. Tomatenwürfelchen (ohne Kerne), ein paar Tropfen Öl und ein wenig Meersalz oben drauf geben. Das kann man machen, während die Gemüseröllchen abkühlen.

* * *

Rindsrouladen

4 Rindsrouladen (vom Metzger, ungefüllt)
12 Scheiben geräuchter Schinkenspeck
4 große Essiggurken, kleingewürfelt (Essigwasser aufheben)
2 mittelgroße Zwiebeln, kleingewürfelt
4-5 EL mittelscharfer Senf
2 getrocknete Tomaten, sehr klein geschnitten
Salz, Pfeffer
2 gute EL Butterschmalz oder entsprechende Menge erhitzbares
Pflanzenöl

Die zerkleinerten Zutaten und Gewürze zu einer Paste mischen
und diese auf die vier Rouladen streichen. Auf jede Roulade 3
Scheiben Schinkenspeck legen. Die Fleischscheiben einrollen und
mit Küchengarn zubinden oder mit Rouladennadeln zumachen.
In einem ausreichend großen Topf oder einer hohen Pfanne die
Rouladen in Butterschmalz/Öl rundherum scharf anbraten und
mit circa ½ Liter der Basis-Bratensauce (siehe Anfang Kapitel)
ablöschen. Mit Gurkenwasser und/oder etwas Essig abschmecken.
Bei reduzierter Hitze mindestens 45 Minuten schmoren; die Soße
nur leise köcheln lassen (wenn die Sauce zu dick wird, etwas
Gemüsebrühe oder Rotwein zugeben).
Dazu passen Kartoffelsalat und ein Rohkost- oder Blattsalat.

* * *

Bodo's Drei-Fleisch-Gulasch

200-250 g Schweineschnitzel
200-250 g Rindsroulade (das dünne Rouladenfleisch gart schneller)
200-250 g Hähnchenbrust
1 kg reife Tomaten (roh püriert)
2 große oder 4 kleine Karotten, in Scheibchen geschnitten (große
Karotten vorher längs halbieren)
4 mittelgroße Zwiebeln, nicht zu klein gewürfelt
2 Knoblauchzehen, kleingewürfelt
3 Peperoni, kleingewürfelt
3 EL Tomatenmark oder 3 getrocknete Tomaten, ganz klein
geschnitten
3 EL mittelscharfer Senf
½ Liter kräftige Gemüsebrühe circa
Salz, Pfeffer, Paparikapulver nach Belieben
2-3 EL Butterschmalz oder entsprechende Menge erhitzbares
Pflanzenöl

Fleisch in Streifen schneiden und im Fett anbraten, das
zerkleinerte Gemüse - außer dem Knoblauch - und die Gewürze
zugeben und weiterbraten. Nach einigen Minuten mit dem
Tomatenpüree ablöschen und den Knoblauch einstreuen;
umrühren und nach und nach Gemüsebrühe zugeben. Die Sauce
sollte nicht zu dünn werden. Mit reduzierter Hitze mindestens 1
Stunde schmoren. Wenn die Sauce zu dünn wird, etwas kalte
Brühe mit 1 EL Stärke verrühren und in den Topf geben; das muß
kurz aufkochen, damit es bindet. Wird die Sauce zu dick, einfach
Brühe oder etwas Wein zugeben.

Schmeckt super mit Reis oder Nudeln und einem Blattsalat.

* * *

Bohnengemüse als Beilage oder Hauptgericht

500 g grüne Bohnen, geputzt und eventuell halbiert
3 Zweige Bohnenkraut oder 1 TL getrocknetes Bohnenkraut
1 mittelgrosse Zwiebeln, gewürfelt
1 Knoblauchzehe ganz
Salz, Pfeffer nach Geschmack
¼ Liter Gemüsebrühe oder Wasser, circa
40 g Butter oder entsprechende Menge gutes Pflanzenöl für Veganer

Die Bohnen in wenig Wasser/Gemüsebrühe in einer großen Pfanne mit Butter/Öl, Bohnenkraut, Salz, Pfeffer und der ganzen Knoblauchzehe weich kochen. Es sollte nur wenig Wasser übrig bleiben, damit man keine Nährstoffe weggießen muß. Knoblauchzehe und Bohnenkrautzweige wegwerfen.
Für eine Hauptspeise kann man 50-100 g kleingeschnittenen Schinkenspeck ohne Fett in einer Pfanne bei niedriger Hitze anbrutzeln und anschließend die fertigen Bohnen darübergeben.

* * *

Susa's Porchetta und Vesper-Porchetta

1,3 kg Schweinehals circa (vom Metzger zu einer Platte schneiden lassen)
4 EL mittelscharfer Senf
1 EL mildes Paprikapulver
1-2 EL italienische Kräuter, gerebelt
1 TL Fenchelsaat, mit dem Mixstab zu Pulver gemahlen (gehacktes Fenchelkraut ist milder)
1 TL brauner Zucker
1 Bio-Zitrone: Schalenabrieb
1 Knoblauchzehe, kleingehackt
Salz, Pfeffer
2 EL Butterschmalz oder gutes Pflanzenöl

Alle Würzzutaten mit einer Gabel mischen und die Fleischplatte mit der Paste bestreichen. Einrollen und mit Metzgergarn zusammenbinden. Die Rolle auf ein Backblech legen und das Butterschmalz/Öl darauf verteilen. Bei 180 Grad gut eineinhalb Stunden backen (Ober- und Unterhitze). Alle halbe Stunde die Rolle drehen, damit sie rundum braun wird und durchgart.

Oder als Vesper-Porchetta:
3 Schweinehalsscheiben (circa 2 cm dick) quer aufschneiden, so daß sich ihre Größe verdoppelt. Mit einem Topfboden gleichmäßig flachklopfen. Entsprechend weniger Würzpaste anrühren. Die Fleischscheiben damit bestreichen und einrollen. Die halten ohne Metzgergarn. Mit der „Naht" nach unten in eine Glas-Auflaufform legen und etwas Butterschmalz/Öl auf den Röllchen verteilen. Im Backofen bei 180 Grad 50 Minuten backen (Ober- und Unterhitze). Wenden ist nicht nötig.

Porchetta schmeckt lauwarm und in dünne Scheiben geschnitten sehr gut auf Butterbrot. Dazu passt Rohkost wie z.B. Gurke, Tomate, Radieschen, Essiggurke.

* * *

Karotten-Gemüse

5 mittelgroße Karotten oder Gelbe Rüben, längs geviertelt, eventuell halbiert
Würze für Gemüse aus Kapitel „Gewürze und Kräuter"
150 ml Gemüsebrühe circa
1 EL Petersilie, gehackt

Die Karotten im Gewürzöl langsam anbraten, dabei wenden, bis sie etwas Farbe bekommen und mit Gemüsebrühe ablöschen. Zugedeckt weitere 10 Minuten bei reduzierter Hitze schmoren und mit Petersilie bestreuen.

* * *

Tipp:
Gemüsepaprika, Lauch und Zucchini nie dämpfen, immer mit etwas Fett sanft braten.

* * *

Gemüse-Idee für schöne Feste

Circa 8 Sorten Gemüse nacheinander jeweils separat bis kurz vor
den Garpunkt braten oder mit etwas Öl/Butter und Brühe
dämpfen. Sobald eines fertig ist, mit dem Sud zusammen auf ein
tiefes Backblech legen und mit einem zweiten Blech abdecken.
Wenn alle Gemüse auf dem Backblech liegen, vermischen sich die
diversen Säfte und ergeben eine einmalige und unwiederbringliche
Sauce. Kurz vor der Hauptmahlzeit das Blech in den Backofen
schieben und bei 180 Grad Ober- und Unterhitze circa 10 Minuten
erhitzen.

* * *

Tipp:
Ganzen Grünkern (unreifer Dinkel) oder Dinkelkörner an Stelle
von Reis als Beilage oder Hauptgericht verwenden. Besonders für
Veganer und Vegetarier ist er sehr gesund; er enthält Eiweiß, B-
Vitamine, Magnesium und mehr.
Man kann beides wie Reis zubereiten: 250 Korn mit 500 ml Brühe
oder Wasser aufsetzen. Nach dem Aufkochen braucht das ganze
Korn bei abgestellter Hitze zugedeckt circa 25 Minuten. Der
Geschmack ist leicht nussig.

* * *

Steinpilz-Pfännchen

2 Steinpilze (vom Hofladen oder vom Wochenmarkt)
30 g Butter
1 gehäufter EL Petersilie, feingehackt
1 Prise Salz/Meersalz

Beim Händler fragen, ob und wie man die Pilze säubern muß.
Die Steinpilze längs in höchstens 3 mm dicke Scheiben schneiden.
In einer großen Pfanne die Butter erhitzen und die Steinpilze
nebeneinander darin von jeder Seite circa 2 Minuten braten.
Anschließend die Petersilie darüber streuen und erst salzen, wenn
man die Pilze serviert. Dazu kann man eine schöne Scheibe
geröstetes Brot essen oder man gibt die Pilze auf ein Nudelgericht.

Auf diese Weise kann man auch Kräuterseitlinge zubereiten.

* * *

Blattspinat (pro Person gerechnet)

5 gute Handvoll Blattspinat (waschen, abschütteln, Stiele weg)
1 EL Zwiebel, gehackt
1/4 Knoblauchzehe, ganz klein gehackt
25 g Butter circa oder 1 EL Pflanzenöl
1 Prise Meersalz
1 Prise Pfeffer
1 Prise Muskatnuss, frisch gerieben

In der erhitzten Butter (Öl) die Zwiebeln anbraten, Knoblauch dazugeben und zuletzt den Spinat. Nur kurz zudecken. Erst würzen, wenn der Spinat zusammengefallen ist. Vorsichtig umrühren, fertig.

Statt Spinat kann man auch Mangold ausprobieren.

Man kann auch einen Schluck Sahne zugeben oder etwas Käse drüberreiben.

* * *

Tipp:
Viele Menschen vertragen keine Kuhmilchprodukte:
Frischkäse gibt es auch von der Ziege,
Roquefort vom Schaf ersetzt Gorgonzola,
Pecorino vom Schaf ersetzt Grana Padano und Parmesan
Manchego vom Schaf ersetzt Bergkäse,
Etorki vom Schaf ersetzt Gouda.

6 Süßer, gesunder Genuß

* * *

Bratapfel

6 Äpfel von alten Sorten/Lageräpfel/Boskoop
100-150 g brauner Zucker
200 g geriebene Haselnüsse oder Süßmandeln
50 g Butter circa
Zimt, gemahlen
1-2 Becher süße Schlagsahne

Die Äpfel mit oder ohne Schale halbieren und das Kernhaus entfernen. Mit der Schnittfläche nach oben auf ein Backblech legen. In die Vertiefung jeder Hälfte eine Butterflocke geben. Haselnuss, Zucker und etwas Zimt mischen und auf jede Hälfte ca.1 EL der Mischung streuen.
Im vorgeheizten Backofen 25 Minuten bei 200 Grad backen (Ober- und Unterhitze).
Auf dem Teller die heißen Äpfel mit einem Klecks Schlagsahne krönen.

* * *

Haselnuss-Streusel auf Kuchen oder zum Knabbern

200 g Haselnüsse, gemahlen
1 Tasse brauner Zucker
1 Tasse Mehl
200 g Butter
1 TL Zimt, gemahlen

Vorsichtig kneten bis die Masse große Krümel ergibt. Auf dem Kuchen verteilen.

Für Knabberstreusel die Krümel auf dem Backblech verteilen und bei 200 Grad circa 10-15 Minuten backen (Ober- und Unterhitze).

* * *

Tipp:
Die Streusel nie zu heftig kneten, lieber nur mit 2-3 Fingern...sonst wird die Butter zu warm...das gibt keine Streusel sondern Matsch.

* * *

Lebkuchen

3 Eier
375 g Mehl
200 g brauner Zucker
250 g Honig
200 g Haselnüsse oder Süßmandeln, gemahlen
1 Schuß Rum (oder Rum-Aroma)
1 Päckchen Lebkuchengewürz
Dunkle Schokoladencouverture

Alle Zutaten - außer der Couverture – gut verkneten und 24 Stunden luftdicht verschlossen im Kühlschrank ruhen lassen. Am nächsten Tag auf einem gefetteten Backblech 2 cm dick verteilen. Bei 180 Grad circa 20 Minuten backen (Ober- und Unterhitze).

Nach dem Erkalten mit der geschmolzenen Schokolade bestreichen. Anschließend in etwa 3 x 3 cm große Quadrate schneiden und in einem Karton an einem kühlen Ort aufbewahren.

* * *

Bärentatzen-Küchlein (ohne Tatzenförmchen)

2 Eier
100 g dunkle Bitterschokolade, gerieben oder im Wasserbad geschmolzen
200 g Haselnüsse, gemahlen
200 g Süßmandeln, gehackt
100 g brauner Zucker
1 TL Zimt, gemahlen
Saft von ½ Bio-Zitrone und etwas Schalenabrieb

Die Zutaten mit einer Gabel in einer Schüssel vermengen und im Kühlschrank 1Stunde ruhen lassen. Anschließend mit 2 Kaffeelöffeln oder mit bemehlten Kinderhänden walnussgroße Batzen formen und auf Backpapier/Backblech verteilen. Oder eine viereckige Backform einfetten und die Masse gut 2 cm hoch einfüllen und glattstreichen.
Im Backofen circa 18-20 Minuten bei 180 Grad backen (Ober- und Unterhitze). Nach dem Erkalten in der Backform den „Kuchen" einige Stunden trocknen lassen und dann in kleine Quadrate schneiden. In einem Karton an einem kühlen Ort aufbewahren.

* * *

Apfel-Birnen-Mus mit Himbeeren

1 kg Äpfel, alte Sorten/eher süß
1 kg Birnen
Saft von 1 Zitrone
300 g Himbeeren, tiefgefroren (frische Himbeeren lieber sofort essen)
1 Tasse braunen Zucker
1 Prise Zimt
2 Tassen Wasser circa
2 EL gutes Pflanzenöl, geschmacksneutral (z.B. Traubenkernöl)

Äpfel und Birnen schälen, Kernhaus entfernen und in Schnitze schneiden. In einen Kochtopf geben und den Zitronensaft darübergießen. Wasser, Zucker, Zimt und Öl dazugeben. Bei geschlossenem Deckel circa 15 Minuten auf niedriger Stufe kochen bis das Obst weich ist. Vom Herd nehmen und stampfen (nicht pürieren). Anschließend die gefrorenen TK-Himbeeren in dem heißen Obstmus versenken und ganz vorsichtig verteilen. Die bekommen dann noch genug Hitze bis zum Erkalten ab, so daß das Mus auf jeden Fall 2 Tage im Kühlschrank hält.

* * *

Obstsalat

Man kann den Obstsalat Stunden vor dem Verzehr zubereiten und in einer luftdichten Dose im Kühlschrank kühlstellen. Durch den Saft der Zitrusfrüchte bleiben die Bananenscheiben ohne Flecken. Alles Obst vorher waschen; auch die Zitrusfrüchte und die Bananen mit einem feuchten Tuch abreiben. Das Obst in einem tiefen Teller kleinschneiden, damit man keinen Saft verliert.

2 Äpfel, alte Sorten
2 Birnen
3 Bananen
Saft von 1 Zitrone
3 Orangen
1 Grapefruit (mit rotem Fruchtfleisch, wenn möglich)
1 Dose Ananas, ungezuckert (circa 300 g Frucht plus Saft)
300 g Süßmandeln, gehackt oder Walnüsse, gehackt
2 EL brauner Zucker
2 EL gutes Pflanzenöl, geschmacksneutral (z.B. Traubenkernöl)

Ananasringe kleinschneiden und mit dem Saft in eine Schüssel geben. Zucker, Zitronensaft, Öl hinzufügen. Grapefruit und Orangen mit dem Messer schälen, damit man die weiße Haut wegbekommt. Die Früchte quer zu den Schnitzen in Scheiben schneiden und die Scheiben in Stückchen. Ebenfalls in die Schüssel geben. Jetzt erst die Äpfel und Birnen schälen, entkernen und in schöne Würfel schneiden. Im Saft der Südfrüchte werden sie nicht braun.Die in Scheiben geschnittenen Bananen und die Mandeln/Walnüsse vorsichtig unterheben.

* * *

Traubengelee

1 kg Rosetrauben (oder andere Weintrauben)
500 g Gelierzucker 2 zu 1 (es reicht auch weniger: einfach testen)
1 kleine Tasse Wasser (es mixt sich leichter)

Trauben waschen und die Stiele entfernen. Die frischen Trauben mit dem Wasser im Mixer oder mit dem Mixstab pürieren. Anschließend mit der gewölbten Seite einer Suppenkelle durch ein Sieb streichen. Den Saft mit dem Gelierzucker in einen Kochtopf gießen und ohne Deckel zum Kochen bringen. Die Hitze reduzieren und das Gelee leise sprudelnd circa 6 Minuten weiterköcheln lassen.

Heiß in saubere Schraubgläser bis zum Rand füllen, so daß keine Luft zwischen Frucht und Deckel passt. Deckel zuschrauben und die Gläser auf den Kopf stellen, bis sie erkaltet sind. Das erzeugt ein Vakuum und macht das Gelee haltbarer. Kühl und dunkel lagern – am besten im Kühlschrank. Hält mindestens 3 Monate.

Das Rezept passt auch für weitere geleetaugliche Früchte wie Äpfel und Birnen (mit Schale, ohne Kernhaus), Johannesbeeren und geschältem Rhabarber. Das Obst weichkochen, durch ein Sieb streichen und danach Gelee kochen.

* * *

Tante Nene's musige Erdbeermarmelade

1 kg Erdbeeren (regional und saisonal)
500 g Gelierzucker 2 zu 1 (oder etwas weniger…testen?)
1 kleine Tasse Wasser (die „Marmelade" wird musiger)

Die gewaschenen Erdbeeren, das Wasser und den Zucker in einen Kochtopf geben. Im Topf die beiden Zutaten kalt pürieren. Das Mus ohne Deckel zum Kochen bringen, Hitze reduzieren und das Mus circa 6 Minuten leise sprudelnd weiterköcheln lassen.

Heiß in saubere Schraubgläser bis zum Rand füllen, so daß keine Luft zwischen Frucht und Deckel passt. Deckel zuschrauben und die Gläser auf den Kopf stellen, bis sie erkaltet sind. Das erzeugt ein Vakuum und macht das Mus haltbarer. Kühl und dunkel lagern – am besten im Kühlschrank. Hält bestimmt 6 Monate.

Das Rezept passt auch für Himbeeren Brombeeren, Heidelbeeren, Steinobst, Südfrüchte, Ananas. Bei Zwetschgen/Pflaumen vor dem Abfüllen Zimt unterrühren. Orangen etc. einmal quer durchschneiden - sonst fliegen einem beim Pürieren die Schnitze um die Ohren.

Für längere Haltbarkeit normalen Zucker verwenden, aber auf 1 kg Frucht mindestens 700 g und höchstens 1 kg Zucker nehmen. Ohne Deckel aufkochen und mindestens 15 Minuten leise sprudelnd kochen. Das hält bestimmt ein halbes Jahr.

* * *

Käsekuchen ohne Boden

500 g Schichtkäse oder mageren Quark
50 g Butter (Zimmertemperatur) oder neutrales Pflanzenöl
3 Eigelb
3 Eiweiß, zu Eischnee geschlagen
Saft von ½ Zitrone
100 g Sauerrahm
150 g brauner Zucker
2 EL Kartoffel- oder Maisstärke

Butter/Öl, Eigelb und Zucker schaumig rühren. Dann Stärke, Zitronensaft und -abrieb, Sauerrahm und Schichtkäse unterrühren. Anschließend den Eischnee unterheben.
In einer Auflaufform bei 180 Grad circa 50-60 Minuten im vorgeheizten Backofen backen (Ober- und Unterhitze).

In die Masse kann man vor dem Backen Birnen- oder Rhabarberstückchen versenken. Die werden beim Backen schön weich.

* * *

Egg Nog (Weihnachtsgetränk)

2 Eigelb
2 Eiweiß, zu Eischnee geschlagen
1 Prise Salz
1/3 Tasse Puderzucker
½ Tasse Milch
¼ Liter süße Sahne
½ Tasse Rum
Muskatnuss

Eiweiß mit Salz schaumig schlagen und mit der Hälfte des Puderzuckers steif schlagen.
In einer zweiten Schüssel die Eigelb mit der anderen Hälfte Puderzucker schaumig rühren, danach die Hälfte der Sahne, die Milch und den Rum dazurühren.
In einem dritten Gefäß die zweite Hälfte der süßen Sahne steif schlagen und zusammen mit dem Eischnee in die Eigelbmischung einrühren – am besten mit einem Schneebesen.
Die dicke Flüssigkeit kaltstellen. Beim Servieren über die Gläser etwas Muskat reiben.

Viel Vergnügen uns allen und ENDE